직관을 일깨워 내 안의 신성한 지혜를 되찾자.

당신은 신성한 사랑이자 행동하는 지혜입니다!

| 이 책을 읽는 방법(필독)

당신이 평소 혹은 지금,
필요한 지혜를 구하고자 하는 의도를 가지고,
두 손바닥으로 책을 잡고 잠시 느껴줍니다.

숨결에 감사함을 담아
몸 전체에 가득히 부드럽게 채우면서,
눈부시도록 아름다운 보랏빛 혹은 순백으로 빛나는
자신의 몸을 마음의 눈으로 바라보며
이렇게 3번 심호흡을 합니다.

이제 책과 자신이 하나 됨을 느끼면서,
자신의 가슴이 안내하는 대로
책의 어느 한 곳을 펼쳐봅니다.

펼쳐진 책의 그림과 글을 읽고
자신의 심장에 가만히 주의를 기울여 봅니다…

잠시 후 혹은 순간적으로, (연습할수록 쉽고 빨라집니다)
일어나는 직관의 안내에 따라
판단하는 마음을 잠시 놓아주고
행동으로 옮겨 보기를 권합니다.

당신은 다른 사람들과 함께 즐기고 나누기 위해
기쁨과 평화와 풍요를 창조하게 될 것입니다.

빛과 사랑으로…♡

"가슴으로 살고 있느냐?
가슴이 열리지 않고는 아무것도 진실이 아니다.
아무것도 진짜로 사는 것이 아니다.
진짜는 무엇이고 가짜는 무엇이냐?

받을 준비가 되어있지 않는 자에게
쏟아 내리지 않는다.
전체가 되지 않고는 전체를 담을 수 없다.
입을 닫고, 귀를 열고, 가슴을 열고,
두 팔 벌려서 모든 사람을 환영하고,
모든 이에게 사랑을 주어라.

네가 아닌 너 자신을 쓰지 마라.
모든 이에게 진심으로 다 하여라.
가슴을 열어라.
사랑을 전해라.
도대체 사랑 말고는 다 무슨 소용이 있느냐?"

해가 된 이슬

밤사이 대지를 감쌌던 어둠은
돌담을 비집고 피어난 선홍빛 꽃잎 위에
작은 이슬방울로 영글었습니다...
새벽이 밝아오며
이슬은 해님의 밝은 빛이 좋았고
그리곤 사랑을 하게 되었답니다.
사랑하는 해님과 함께 하고픈 이슬은
햇살을 자신의 온몸으로 품게 되었고
영롱하게 빛나는 자신을 바라보며
한없는 기쁨에 젖어 들었지요.

그리고...

새들이 노래 할 때쯤...
이슬은 꽃잎을 머금은 채 한줄기
햇살이 되었습니다
아침이 오면 자신이 머물던 꽃잎에게 입맞추며
끝없는 세계의 이야기를 노래하였답니다...

지금,
입 밖으로 나오고 있는 이 말이
현재의 나의 상태임을 직시해야 한다!

벤치가 들려준 이야기

세월이 쉬었다 떠나갔지만
바램이 없었기에 서운함이 없습니다

수많은 인연이 쉬었다 갈지라도
집착이 없기에 원망이 없습니다

넝쿨이 나에게 기댈지라도
넉넉한 나의 어깨를 내어줍니다

세상에 대한 원망을 내게 쏟을지라도
그를 위해 기도하며

아직은….
한 줄의 등받이가 남아 있기에 감사합니다

비와 눈과 그리고 바람….
아침이면 찾아오는 햇살의 따사로움

이들이 있기에….
기쁨을 노래합니다.

나는 마음이란 악기를 통해
삶이란 다양한 가락을 빚어낸다.
슬픔의 가락을 빚어내든 기쁨의 가락을 빚어내든
악기를 다루는 나는 다만 그것을 누릴 뿐이다!

무엇을 자주 보고 있는가,
어떻게 보고 있는가는 참으로 소중하다.
왜냐하면,
그러한 것들이 나를 반영하는 삶이 되기 때문이다.

몸이라는 경험체는 달라도
우린 하나의 생명으로 연결되어 있다~!

사랑은 머리가 아닌 가슴에서 자란다.
그리고 감사함의 물을 주면 꽃이 핀다.

왜 머리에서가 아닌 가슴에서이지?
가슴은 느낄 수 있는 곳이니까… :)

내가 나를 사랑하지 않으면서
누가 나를 사랑하길 바라는가?

내가 나를 인정하지 않으면서
누가 나를 인정하길 바라는가?

무엇이 소중한 줄 알아가는 게 인생이다.

"우주와 함께 숨 쉬거라...
 우주에 가득한 생명을 들어 마시고,
 네 안에 무한한 사랑을 우주로 내쉬거라..."

얼굴을 보면 그의 삶(상태)이 보인다.

비록, 성형을 하고 화장을 했다 하더라도,
풍기는 기도(氣度)는 숨길 수 없다.
그의 생각은 보이지 않지만,
그의 말과 태도에서 읽을 수 있다.

지금,
내가 관심을 가지고 보고 듣고 있는 것이,
내 안의 모습이자,
내 삶의 자재(資材)가 됨을 직시해야겠다.

방법이 다를 뿐 모든 길은 하나로 통한다!
세상에 어떤 일이 일어나도 자연은 평온할 뿐!

적절한 운동을 하지 않으면 신체의 기능이 떨어진다.
몸이 굳어가는 만큼 인생도 굳어간다.

왜냐하면,
신체가 굳어가면 사고의 유연성이 떨어져서
한 생각을 전환하기가 어려워진다.

인생이 뜻대로 잘 움직이지 않는다고 생각한다면,
적절한 운동을 통해 신체를 풀어주자.
그러면, 사고(思考)가 유연하게 흐르고,
더불어 인생도 잘 흐른다.

순리에 따라 검劍이 흐르고,
그 흐름이 곧고 굳세니,
굳셈과 유함이 둘이 아니네.

허공이란 화선지에
의식의 먹물을 검첨(劍尖)에 깊이 담아,
뜻을 따라 한 획을 그어 가니,
출렁이는 번뇌는 나를 깨우는 스승이요.
허공에 가득한 생명은 나의 본질이로다.

기쁨이 괴로움을 경험하고 나서야
자신이 본래부터 기쁨이었음을 알게 된다.

존재들은 희로애락이 있는 이 인간계에 육화로 와서,
각자에게 주어진 자유 선택, 자유의지를 사용하여
모든 희로애락을 자유롭게 경험하면서
그것에 교훈을 얻고,
그 교훈을 얻을 때마다
한 걸음씩 자신에게로 다가간다.

각자의 가슴속에 잠들어 있는 순수함을 깨우면
번뇌가 나를 일깨우는 스승임을 알게 된다.

나는 나에게 진실한가?
나는 삶을 진실하게 대하고 있는가?

나와 삶이 둘이 아니니,
나 자신에게 진실하면
삶은 건강하고 평화로워진다.

만약, 삶이 뒤숭숭하거나 무기력하다면,
지금이 나에 대해 점검할 때이다.

먹는 것이 나를 이루듯,
보고 듣는 것 또한 나를 만든다.
전염병은 물질을 타고 번지기도 하지만,
생각을 타고 퍼지기도 한다.
왜냐하면,
물질을 이루는 핵이 생각이기 때문이다.

지금 내가 경험하고 있는 현실이라는 결과물들은
그것을 대하는 나의 태도를 반영하고 있다.

자기 자신으로 살면,
세상이 아무리 혼란스러워도 그것에 흔들리지 않는다!

본래의 나 자신이 되는 것!
이것이 진실된 삶이다.

상황은 언제나 나를 깨우고 성장시킨다.
세상이 두려워하거나, 내가 싫어하는 것일지라도!

순수하고 평화롭고 고요한 상태,
　조건 없는 사랑의 상태를
　　경험하고자 한다면,

지금(현존)과 연결하는 것이다.

두려움은
인간과 함께 해온 오래된 감정 중 하나이다.
이러한 두려움을 포함한 모든 감정은
내가 집착하는 만큼 커진다.
녹이 쇠를 갉아 먹듯, 몸과 마음을 잠식해 들어간다.

모든 게 그렇듯, 기후 또한 인간의 의식을 반영한다.
나는 지금 무엇을 느끼고 있는가?
그것이 내가 경험해야 할 다음 길이다!

우주와의 대화는 느낌이다.
모든 형상과 상황의 저변엔
배워야 할 교훈이 담겨있다!

번뇌가 나를 휘감고 있다는 한 생각 놓아버리면,
사랑은 언제나 삶을 비추고 있었음을 알게 된다!

대양이 파도를 허용함으로써 살아있듯
인간은 '생각'이라는 '생명'의 흐름을 통해 살아간다.
하나의 특정한 생각에 집착하는 순간,
생명의 흐름 또한 멈추게 되어 불편함을 느끼게 된다!

태풍이 오면 배들이 항구에 정박하듯,
인생에 풍랑이 올 때면
의식을 자신의 몸으로 정박시킨다.
이렇게 하면 흩어졌던 마음들이 몸으로 모이게 되고,
따라서 생명력이 활성화되면서
인체의 기혈의 흐름이 원활해지고
명료한 통찰력을 가지게 되어
육신과 마음이 평화로워진다.

삶은 바라보는 대로 펼쳐진다.
나는 지금 삶을 어떻게 바라보고 있는가?

내적 변화가 일어나면
삶이 따라서 변한다!

허공이라는 스크린에 우주라는 영상이 펼쳐져 있고,
저~기~!
작은 푸른 별에서 펼쳐지는
인생이라는 드라마에서 거닐고 있는
U~!!!

인간의 삶은
머리에서 가슴으로 가는 여정이다.
대상과 상황을 통해 진실을 배우는
연습의 장이다!
진실은 대상과 상황이 아닌,
언제나 내 가슴에 있다.

사랑은 그저 모든 것을 포용하고 안아주는 것이다.
대상과 상황들에 조금이라도 사랑을 맛 보여 주는 것
이것이 곧 헌신이다.
이것은 자신을 희생하는 것이 아니다.
사랑이 충만해지면 꽃이 피듯 자신이 피어난다
우리의 본래의 상태는 오직 사랑밖에 없다!!!

깨어남이란?
의식의 눈을 뜨는 것이다.
무의식상태에서 지금을 인식하는 순간 깨어난다!
진실은 언제나 숨 쉬는 것처럼 간단하다!

생각이 많고 감정이 번잡하다는 것은
현존(자신)에서 멀리 벗어나 있음을 알려주는 것이다.
하지만,
멀고 가까움이 한 생각에 지나지 않으니
자각이 일어나는 순간!
본 자리로 돌아온다!

꽃이 절로 피어나고 애쓰지 않아도 열매가 영글듯,
때가 되면 절로 깨어나는 것이다.
다만, 자신을 놓치지 않아야 한다!

모든 것은 밖이 아닌 내 안에 있음이다!
고압선 밑이 나쁘다 하면 나쁘고, 좋다 하면 좋다!
고압선 탑 밑의 나무와 풀은 유달리 푸르고 싱싱한데
어찌 인간에게는 나쁘겠는가?
내가 의미부여하고 내가 그것에 갇힌다!

집중하고 있는 것은 점점 커진다.
나는, 지금 어디에 집중하고 있는가?
그것이 나의 현실이 된다.

지금!
자신이 숨 쉬는 유형을 보면 자신의 삶이 보인다!

양자 수준의 이 물질 우주는
모든 생명의 마음이
점점 더 확장하고 명료해지며, 창의성이 활성화된다!

꽃이 노력하지 않아도 피고,
열매는 애쓰지 않아도 절로 익어 가듯
모든 것은 저절로 성장하고 깨어난다.
다만, 자신을 스스로 제한하지 않는다면!

인간이 경험하는 모든 것은 찰나이며,
지나간 것들은 없는 것이다.
근심, 걱정, 기쁨, 행복,
이러한 모든 에너지는 전자기파처럼 흐르다가
나의 상태에 따라 인식된다.

업이 있다는 오래된 지식은
인간의 사고를 통제하기 위한 수단이며,
자신을 스스로 제한하는 자아로 자리 잡았다.

처해진 삶이 바뀌길 바란다면,
자신에 대한 새로운 시각을 가져보자!

나는 상품인가? 개성을 가진 사람인가?
나는 보여지기 위해 이 행성에 온 것이 아니라,
나 자신의 성장을 위해 이 행성에 왔다.

거룩함Holiness이 어느 특정한 것에만 있겠는가?
모든 존재가 그 자체로서 거룩함이다!

집을 비워 놓으면 망가지듯,
마음이 몸을 떠나 돌아다니면 몸도 그러하다.
마음이 몸과 함께하는 순간,
의식은 명료하고 정신은 맑아지며,
몸엔 치유가 일어나고 삶엔 평화가 피어난다!

보이고 들리는 것으로 어찌 진실을 알 수 있겠나?
세상 속에서 살아가지 말고,
세상이 내 속에서 살아가게 하자!

보고 듣는 그것이
안에 있는 것도 아니요
밖에 있는 것도 아니다.
안팎에 연연하지 않으면
그곳이 바로 현존의 자리이다.
매 순간이 나의 선택을 기다리고 있다
그리고 그것을 경험한다.

오감으로 받아드리는 것들이
나를 불편하게도, 기쁘게도 한다.
그러한 감정들은
그것에
어떤 의미와 이름을 부여할 때 나타나는
반영된 결과물이다.

인간의 여정은
어떤 경험을 하던 그 자체로서 축복이다.
왜냐하면,
모든 경험은 나 자신의 선택이며,
나의 의지에 의해 펼쳐지기 때문이다.
그리고 그것에서 교훈을 얻고
그 교훈을 거울 삼아 성장한다.

실상과 허상은 물과 물결에 지나지 않는 것처럼,
즐거움과 괴로움 또한 마음의 양면일 뿐이다.
그러므로 이 물질계라는 현상들은
파도를 즐기는 서퍼surfer와 같이 그저 즐기면 된다!

괴로우면 괴로움을 사랑하고
기쁘면 기쁨을 사랑하고,
가난하면 가난을 축복하고
풍요로우면 풍요에 감사한다.
왜냐하면,
그것이 보편(普遍)의 모습이자
나의 모습이기 때문이다!

인간의 의식은 보편적 의식의 일부이다.
일부는 전체를 담고 있다.
두려움이나 괴로움, 우울함과 외로움 같은
자신을 불쾌하게 하는 부정적인 감정들은
우리의 본질인 사랑이
흐르지 못하고 있다는 신호이다!
이럴 땐~
주변의 생명들에게 미소를 보내거나,
지금 떠오르는 그(그녀)에게
마음으로 안부를 전해보자,
사랑이 흐르는 방법은 이처럼 간단하다.~!

삶에는 정의(正義)된 것이 없다.
왜냐하면,
각자가 정의의 주인이기 때문이다.
그래서 '삶은 무한하다' 한 것이다!

무엇을 하던 그냥 하자! 그것을 즐기자!
무언가를 성취하기 위해서 노력하는 행위는
자신의 근본을 모르고 있기 때문이다!

인간이 성취해야 할 것은 아무것도 없다!
인생이라는 것이
인간 지식의 한계 너머에 있기 때문이다.

스스로 자신을 제한하지 않는다면,
참된 자신이 저절로 드러난다!

세상을 향한 당신의 미소는
영의 신성한 흐름을 허용하고 있다.

나다워 진다는 것은 전체성으로 산다는 것이다.
하나의 개성을 사용하던 다양한 개성을 사용하던,
그것은
자신의 의지와 선택의 몫이다.

에로스 사랑은 감정으로 인해 피어나고,
감정으로 인해 시든다.

아가페 사랑은 분별없음 속에 드러나고,
전체성에 의해 확장된다!

지나간 것은 없는 것이다.
오직 지금만이 존재한다.
그러나,
없었던 것도 있다고 믿으면 물질화로 나타난다.
창조주의 자식이니 당연하다.

여기 지구에서의 생활은 정화purify의 여정이다.
근데 막상 정화할 것이 다가오면 도망간다.
가본들 어디를 갈 건가?
자신이 창조한 것들이라 자신이 해결해야 한다.

참을 인忍 의 본래 뜻은
솟구치는 마음을 억눌러 참으라는 것이 아니라,
솟구치는(분별하는) 마음을 잘라 버리라는 뜻이다.
일어나는 마음을 억누르면 병이 생기고,
일어나는 마음을 잘라버리면 그 즉시 평안해진다.
그리 해보면, 모든 것으로부터 자유롭다.
인忍, 이것이 연민이며, 용서이다.

내가 무엇을 이루는 것이 아니다.
내가 뜻을 세우면, 그것이 모습을 드러낸다.

내가 어느 곳으로 가는 것이 아니다.
나는 과거에도 현재에도 미래에도 존재하고 있다.

사실 과거와 미래라는 것은 없다.
오직 현재만이 존재한다.

인체는
눈에 보이는 것과 보이지 않는 물질로 이루어져있다.
인체는 지식으로 다가가기엔 한계가 있다.
그 한계를 넘는 길은 자신의 실상을 아는 것이다.
그러므로,
의술을 업으로 삼는 자들은,
먼저 자신의 근본 실상(根本實相) 을 알아야 한다!

"무엇을 바라느냐?

이미 다 가지고 있지 않으냐!

무엇을 하던 자기 자신을 놓치지 말거라."

깨어남을 방해하는 간단한 방법은
두려움을 심어주는 것이다.

당신은 무엇을 자주 보고, 듣고 있는가?
그것이 당신이 됨을 상기하라!

나의 가슴속에 내제된 사랑을 깨우면,
세상이 두려워하는 모든 것들이 허망하다는
진실에 눈뜨게 된다.

어떤 질병이던,
부드럽고…
느리고… 길고…
깊은 숨결 속에…
감사와 사랑을 담아 어루만져주면,
그곳은 본연의 건강한 모습으로 깨어난다!
이 간단한 진실이 지식에 묻혀 모르고 살아온 날들 또한
사랑으로 어루만져준다!

일체가 충만한데
내가 찾고 있었을 뿐이구나…

사랑이여…
당신이 이끄는 대로 가렵니다~!

대상을 비판하는 것은
자신의 근본을 모르기 때문이다.

자신감이 줄어들면,
현상이나 사물을 마주할 때
비판하는 자신을 만나게 된다.

만물은 조건을 세우지 않는다
자신으로 존재하는 그 자체가 사랑이다…♡

나는 지금,
나의 가슴에 어떤 느낌을 간직하고 있는가?
그것이,
내가 경험해야 할 현실이 된다.

감사함을 담은 느낌을 숨결에 담아
잠시 동안 전신에 흐르게 하는 것만으로도
몸과 마음을
건강하고 평화로운 상태로 돌려놓을 수 있다!

현상이나 사물에 의미나 이름을 부여하는 순간,
그것은 제한되며, 자신은 그 규정 속에 갇히게 된다.
선택은 언제나 나의 몫이다.

삶은 필요에 따라 선택해서 사용하는 경험의 장이며,
나는 삶을 선택하는 자이다.
나는 완전한 표현이며 우주적 사랑이다.

생각 한 조각 둥실 흐르고,
감정 한 가닥 출렁이다 사라진다.

나는,
그저 바라보며 미소 지을 뿐… :)

하나의 선상에서,
하루를 시간으로 나누고,
인생을 과거, 현재, 미래로 나누고,
이런저런 명분을 달아 나누고, 나누어본들
나누어진 것은 본래부터 없었다!

행복하다. 불행하다.
안 된다. 된다.
누가 이렇게 결정하는가?

인간의 몸은 각 개인의 사고에 반응하고,
삶은 각자의 몸을 반영(reflection)한다!

마음은 생각으로 자신을 나타내고,
가슴은 느낌으로 자기를 표현한다.

이젠 머리가 아닌,
가슴으로 살아가야 하는 시절이다!

(지리산 청학동 청림서당)

아이들은 자연에서 배우고 자란다.
자신들이 먹는 가지가지 식물을 키우고 돌보며,
건강과 사랑을 느끼고 배운다.

지식보다 삶을 체험한다.
지식을 넘어 예절을 몸으로 경험한다.

무수한 삶의 여정을 늘~ 함께 하면서도
스쳐 지나가버린 바람처럼 그렇게 흘려 보냈는데…
어느 날 문득 나의 숨결을 통해
나의 마음과 나의 영혼과
이렇게 함께하고 있었음을 알았을 때,
장엄하면서도 사랑 그 자체인
나의 모든 것을 이해할 수 있었고
세상은 참으로 아름다웠습니다….

사랑의 기도

사랑의 어머니...
세상에 아픔이 있다 하나
그것이 치유의 과정임을 알기에 감사합니다.
세상에 다툼이 있다 하나
그것이 화합의 과정임을 알기에 감사합니다.

세상에 배신이 있다 하나
그것이 신의信義의 과정임을 알기에 감사합니다.
이러한 모든 것의 상황 속에는
어머니의 무한한 사랑이 함께 하기에
비록 지금 이 육신을 거둘지라도
오직 사랑으로 세상을 감싸겠습니다.

사랑의 어머니...

저희가 가는 곳마다
용서의 꽃이 피게 하시고
저희가 가는 곳마다
사랑과 기쁨의 향기가 그윽하게 하소서...♡

적 寂

깊은 산 고요한 밤 말없이 앉았으니
오늘 하루 내어 쓴 맘心 고요히 사라지네

달빛 띄운 개울이 뜰 앞을 흐르고
황죽篁竹에 놀던 바람 어깨에 내려앉네

들어주는 이 없어도 풀벌레 노래하고
보는 이 없어도 별빛은 춤을 추네…

설화 雪花

만법이 있다 하나 한 생각의 장단長短이요
한 생각 또한 물결의 춤舞이로세
뜻이 일어나니 만법萬法이 일어나고
뜻이 사라지니 만법 또한 사라지누나
시린 일광日光은 설화雪花 되어 나리고
차가운 바람은 손끝 따라 흐른다
물 길러 차茶 달이니
방안 가득 향화香花가 피어나고
입가에 피어나는 미소는
세상을 어루 만지네...

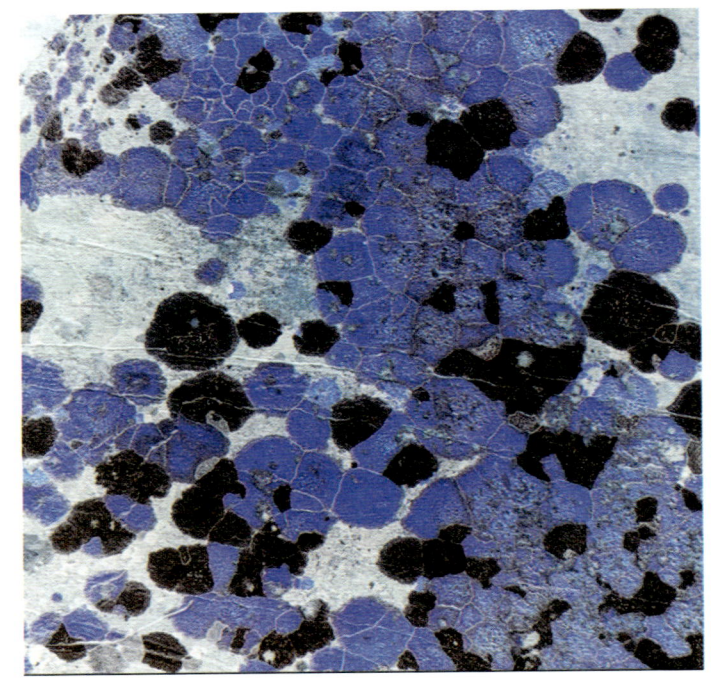

무명 無名

어떤 것이 참다운 실재입니까?
모든 것이 참다운 실재입니다.

어떤 것이 거짓된 삶입니까?
모든 것이 거짓된 삶입니다.

오로지..
당신이 그러한 의미와 이름을 붙일 뿐입니다.

무득무사 無得無捨

인간사 희노애락喜怒哀樂 누리고 보니
얻을 것도 버릴 것도 본래부터 없었네…
춘삼월 설화가 대지에 만발하고
이름 모를 새들은 흥에 겹구나…
일없는 나그네의 잔잔한 미소는
설화雪花로 빚어낸 다향茶香을 즐기네…

고통 받는 자를 위하여...

지금..
당신이 겪고 있는 고통의 시련은

지금
당신에게 필요한 소중한 경험입니다
거룩한 존재가 있어서 당신을 시험케 하는 것이 아닌
스스로가 선택한 경험이며,
그러한 경험을 통해 당신은
무한한 의식의 성장을 이룰 것입니다

지금 당신이 겪고 있는 현실을 온전히 이해하여
감사와 사랑으로 안아 줄 수 있을 때까지

당신 스스로
그러한 경험을 놓아주지 않을 것입니다

완전한 이해에 도달한 그 날
당신은 그것으로부터 영원히 자유로워 질것입니다
이러하니 어찌...

그 모든 경험에 경배 드리지 않을 수 있으며
감사하지 않을 수 있겠습니까...

슬픔에 젖은 자를 위하여..

삶 속에 슬픔을 경험하고 있는 그대여...
슬픔을 떠나 기쁨을 찾으려 하지 마세요…
슬픔이 나를 통해 온전히 흐를 때,
성숙된 기쁨이 피어납니다.

기쁨과 슬픔은 한 가지에 피어난 잎새와 같은 것
지금,
당신이 겪는 슬픔은 기쁨의 꽃이 피어나기 위한
서곡序曲과도 같은 것
당신이 겪는 모든 경험에
세상이 말하는 의미와 이름을 붙이지 않는다면
삶은 항상 아름답고 풍요롭게
당신과 함께 걸을 것입니다.

분노에 춤추는 자를 위하여…

사랑하는 님이여~
대상이나 펼쳐지는 상황들이
님의 마음에 들지 않는다고 속상해 하지 마세요…

인생이란
삶이라는 도화지 위에 태도라는 크레파스로
당신이 그려내는 현실이란 이미지이랍니다.

님의 작품에 님이 속상해 할 수도 있지만,
그렇더라도
스스로에게 분노하는 어리석음을 행하지는 마세요…

현실은
님의 상태를 그대로 보여주는 거울이기 때문입니다.

우주는
존재들의 감성에 따라 반응하고 있음을
기억할 것입니다.

모든 존재는 바로
우주의 부분이자 우주 자체라는 진실을
기억할 때입니다.

"언어(言語)로서 사랑을 맛보게 할 수는 없단다.
 언어로써 가능하다면
 굳이 육화로 올 필요가 없었겠지,
 그들에게 사랑을 보여주기 위해
 육화로 온 것이란다."

보이는 사물들엔 태양의 빛이 필요하듯,
보이지 않는 마음엔 의식의 빛이 필요하다.

자신을 관조하는 것,
몸과 마음을 건강하게 하는 보약이 될 것이다.

자연은 편애함이 없다

이치와 진리는 누구나 알고 있다.
그러나
스스로 음미하고 실천하지 못하므로,
나투어진것에 휩쓸려
스스로의 입지立志를 망각하고 있다.

길

당신의 삶은
자신이 바라는 바를 성취하는 것만이 최선이 아니다.
실패와 성공이라는 사회적 개념의 틀을 너머
스스로 선택한 경험들이 안내하는 길(지혜)을 따라
자신의 삶을 펼쳐 나가는 것이다.

자신을 제한하는 모든 사회적 개념을 내려놓고
자신의 본질인 무한성을 확장해 나아가는 것이
모든 존재들의 목적인 것이다.

당신이
의식적 혹은 무의식적으로 선택한 길에 대해
감사와 사랑으로 수용할 때
삶의 무게가 가벼워질 것이다.

그것이 되지 않고는 그것이 될 수 없다.
내가 경험하고 있는 이 물질세계는
나 자신을 반영하고 있는 세계이기 때문이다.

순복

삶의 모습이 어떻게 펼쳐지든,
모든 것이
최고와 최선으로 잘 되고 있다는 앎 속에서,
우주의 흐름을 신뢰하고 내맡기는 것이다.

한 사람의 삶의 여정은 우주보다 넓고 큰 법이라 했던가?
비단 사람뿐이겠는가?

한 송이 꽃, 산과 나무, 구름과 햇살, 새들과 나비 등...
모든 게 그러하다.

왜냐하면,
모든 것이 생명의 발현이기 때문이다.

일어나야 할 것은 일어나고,
일어나지 않을 것은 일어나지 않는다.

이 둘을 허용하는 자리
이것이 평화이다.

자신의 중심과 멀어질수록 불편함이 점점 커지고,
자신의 중심과 가까워질수록 지복감이 커진다.

지금 스트레스나 아픔을 겪고 있다면
치우친 삶을 살고 있다는 영의 메시지이기에
그러한 상황을 겸허謙虛히 받아들임으로써
삶의 균형을 유지할 수 있다.

지금 나에게 다가오는 현실을 깊이 통찰하여
생멸生滅에 치우치지 않는다면

나는 이 삶이 경이로움으로 가득하다는 것을
여섯 개의 창窓을 통해 볼 것이다.

내가 존재하고 있는 것은
다른 생명들의 헌신과 희생이었음을 알았을 때
깊은 곳에서 일어나는 감사함의 전율이
내 육신에 파동 친다.

아침이면 피어나는 따사로운 햇살과
밤이면 노래하는 달빛~
그리고,
마당을 춤추며 지나가는 바람은
내 안에 감사함을 흐르게 한다.

우주를 이루고 있는
보이고 보이지 않는 모든 생명들에
깊은 감사함과 사랑을 전한다.

요즈음,
나에게 펼쳐지고 있는 일들을 통해,
나의 성장의 척도를 알 수 있다!
왜냐하면
삶이 곧 나의 모습이기에.

보이고 들리는 것, 향과 맛
그리고 감촉과 의식하는 것들은
나 자신의 마음의 상태에 따라 감응이 달라진다.

자신의 관점으로 세상을 평가한다면
그 평가 속에 자신이 갇히게 된다.

왜냐하면,
여섯 가지 감각기관으로 들어오는 모든 정보는
'나'라는 아집을 통과할 때 변형되기 때문이다.

세상에 대해 어떤 평가를 내리던,
그것은 그것에 힘을 실어주는 것이다.

큰 힘이 작은 힘을 이기는 것이 물질의 법칙이므로
개인이 세상을 바꿔보려고 노력하는 것은
자신만 수고로울 뿐이다.

세상을 물리적으로 변화시킬 수 없는 이유는
눈에 보이는 현실이란
생각이 물질화되어 드러난 현상이기 때문이다.

지금 내 안에 흐르는 의도를 바꾸면,
내 몸의 상태가 바뀌고,
상태가 바뀌면 태도의 변화가 일어나며
그 즉시 우주가 반응한다.

궁핍한 삶은
대상에 의지하는 습관을 사용하고
풍요로운 삶은
스스로를 신뢰하는 습관을 사용한다.

궁핍한자는
자신을 한 알의 알약보다도 신뢰하지 않지만,
풍요로운 자는
매사에 자신을 굳게 신뢰한다.

걱정과 근심 그것으로 인한 자괴감,
그 안에 내제된 열등의식 등은
두려움을 기반으로 일어난다.

이러한 모든 사고의 패턴이
궁핍한 삶으로 가는 길이며,

용기와 주의력, 존중과 배려 감사와
사랑에서 비롯되는 기쁨이
풍요로운 길로 가는 습성이다.

삶은 신성으로 가득한 신비로움의 춤이다!

세상엔 다양한 종species들이 존재한다
각각의 독특한 개성을 지니고 있으며
그 자체로서 아름다운 존재들이다.

가이아는 자신의 몸에 의지해 살아가는
모든 생명을 편견 없이 사랑한다
인간이 자신을 괴롭혀도 조건 없이 사랑한다.

인간을 제외한 다른 종들은
대상과 자신을 비교하지 않는다.
자신의 모습을 있는 그대로 꾸밈 없이 드러내며
자신으로 살아간다.
그리고,
자연의 숨결을 통해 자신의 생명을 유지할 수 있음을
본능적으로 알기 때문이다.
그래서 자연에 안길 때, 기쁨과 평화와 번영이 흐른다.

경전 중에 나 자신이 최상의 경전이요
신비 중에 나 자신이 최상의 신비이며
진실 중에 나 자신이 변함없는 진실이다.

참다운 예배는 자신을 조건 없이 사랑하는 것이요
참다운 방생은 자신의 생각을 놓아주는 것이며
참다운 구원은 보이고 보이지 않는 것에
분별심을 내지 않는 것이다.

무량한 모든 법이 나로부터 비롯되었고
한량없는 모든 방편이
나를 가리키는 이정표里程標이니
삶과 사랑이 다르지 않음을
체득體得하는 것이 구경열반이다.

죄罪는
자신에 대한 무지無知에서 만들어지며

용서容恕는
자신에 대한 앎이 육신에 체화되었을 때
자연히 일어난다.

관점...
나의 삶을 창조하는 또 하나의 능력이다.
사용하는 나의 관점을 바꾸면 인생이 변한다.

자식에 대한 부모의 관점이 바뀌면
말하지 않아도 그 자식의 태도가 바뀐다.

부모님에 대한 자신의 관점을 바꾸면
말 없는 가운데 부모님의 행동이 변한다.

세상에 대한 자신의 관점이 바뀌면
살아가는 세상이 바뀐다.

이와 같이
모든 창조의 중심엔 바로 내가 있다.

죽음은 볼 수는 있어도 경험하지는 못하는 것이다.
죽음은 객관적客觀的 경험인 환영에 불과하지
주관적인 것이 아니다.

왜냐하면
생명의 죽음이란 없는 것이기에
그 누구도 자신의 죽음을 경험하지 못한다.

그러하기에
모두는 이미 불생불멸인 것이다.

빙긋이 미소 지을 때 세상이 내 안으로 들어온다.
빙긋이 미소 지을 때 모든 문제가 축복으로 열린다.
미소는 가슴에서 울려 나오는 천상의 노래이다.

왜냐하면,
가슴 안엔
사랑과 자비가 흐르는 천국이 담겨있기 때문이다.
"네 안으로 가라, 네 안으로 가라!" 하신
성인들의 가르침이 깊은 이해로 흐른다.
미소는 겸손과 감사
그리고 풍요를 담고 있는 소통의 표현이다.

사람들이 무의식중에 뿜어내는
부정적인 에너지는
도시를 달리는 자동차보다 더 많이
세상을 오염시킨다.

물질은 마음의 파동에 따라 순응하고 있다
점점 더 많은 이들이
자신의 정체성正體性을 찾고자
관심을 모으고 있다.

한 줌의 공기가
세상의 그 어떤 것보다 귀하고 감사한지
아는 그날
진리는 상식을 벗어나있지 않다는 것을
체험하게 된다.

자기 자신이 무한한 생명임을
명확히 통찰하는 그날
이 행성에도 기쁨과 평화와 번영이
다시 피어날 것이다.

함께 살아가는 모든 생명을 위해
사랑의 감정을 내보내고 나눠주는 것으로
서로에게 유익한 평화를 체험한다.

어떤 상황에서도 평화롭기를 원한다면,
들리고 보이는 것이
어떻게 들리고 보이느냐에 상관없이,
그것이 자신의 현재 상태를 일깨워주는
경험으로 받아드리는 것이다.

생활이 분주한 것은 머리로 살기 때문이며,
삶이 평화로운 것은 가슴으로 존재하기 때문이다.

머리는 판단하기를 좋아하고
가슴은 느끼기를 즐겨 한다.

비단풀

길가 두렁에..
비단풀 가지런히 하늘을 마주하고
일손 멈춘 아낙의 밀짚모자엔 바람이 쉬어간다.

익어가는 가을햇살에 개똥참외가 노랗게 물들어가고
엉기성기 쌓아놓은 돌담 너머에 감귤도 익어 간다.

구름은 흘러도 다툼이 없고
파도는 서로를 비교하지 않는다.

모든 것을 있는 그대로 두라!
이미 그것은 온전하다.

누가 그것이 불완전하다 하는가?
다만 나의 소견일 뿐...

그 어떤 것도 나에게 맞서지 않는다.
오직 내가 나에게 시비할 뿐.

모든 것을 있는 그대로 사랑하며
그것에 의미와 이름 붙이지 않을 때,
자신이 무한한 사랑의 존재이었음을 알게 된다.

겸손
감사
사랑

겸손의 나무에서 피어나는 감사의 꽃은
누리(世上)에 사랑의 향기를 흐르게 한다.

이 지구라는 별은
창조의 연습장이다.
무엇을 하던 자신이 신이라는 사실을 지각하자!

에필로그

글에 의미와 이름을 부여하는 내가 있고
말에 의미와 이름을 부여하는 내가 있다

대상에 의미와 이름을 부여하는 내가 있고
상황에 의미와 이름을 부여하는 내가 있다.

그러한 모든 것에
의미와 이름을 부여하는 나의 습관이
희로애락의 근본이 되는 것이다.

감정을 지배하는, 욕구들의 마스터로서
보여주기 위한 인생이 아닌,
자기 자신이 되는 인생!

순수한 자기표현의 힘을 통해
의지의 힘을 사용함으로써
자신 안에 내재한 창조의 힘을 확장 시킬 수 있고,

현존을 통해
삶을 기쁘고 평화롭고 풍요롭게 만들어갈 책임이
모든 인생들에게 있는 것이다.

이월의 마루...
휴천당(休天堂)에서 푸른하늘이 쓰다.

| 저자 소개

푸른하늘은
비물질계인 빛의 세계에서 이 아름다운 물질행성에
두 번째 육화로 온 존재입니다.
이번 삶에서는 무사(武士)의 길을 걸어왔고 걸어가면서
인연자들에게 무도(武道)와 명상(瞑想)을 나누며,
기쁨과 평화와 번영의 여정을 함께 걷고 있습니다.

| 걸어온 길

- 한미민간외교문화교류 미50개주 주요도시에 한국의 문화를 홍보, 'Korean martial arts 조선세법' 시범공연(1998~2002년)
- 새천년맞이 국민대축제 광화문2000, 돼지띠 광개토대왕 연출
  - 천지연청소년정신문화원 -
- 국립무용단 83회 정기공연 '마지막바다'
  이순신장군 검무, 안무 및 출연(2002년)
- 사) 천지연청소년정신문화원 이사장(전)
- 사) 대한청소년문화진흥원 원장(전)
- 유니티라이프 명상센터 원장(현)
- 달빛검도 창작자
- 웰니스 어싱명상체조 창작자
- Body & Spirit yoga dance 창작자

| 자격증

- 생활체육지도자자격증[검도]-(문화체육부장관: 제18396호)
- 인성지도사(한국직업능력개발원:2016-420-01170)
- 부모교육상담사(한국직업능력개발원:2016-905-00580)
- 청소년심리분석상담사(서울시교육청지정2009-557)
- NLP심리분석상담사(한국직업능력개발원:2011-0794)
- MBT심리분석상담사1급자격증(한국직업능력개발원:2013-0436)
- SNPE바른자세운동지도사(한국바른자세연구원.SNPE 바른자세학회)

모든 생명은 사랑의 표현이다!

점점 더 밝고 풍요로워지는 당신을 위한 확언.

우주가
나를 돕고 있다!

초판1쇄

펴낸곳	에스파보(Espavo)
펴낸날	2022.02.22
지은이	푸른하늘 (imoneness@naver.com)
편 집	백제희 (syzygy1@hanmail.net)
주 소	경상남도 사천시 곤명면 다솔사길 285

※본 출판물의 저작권 및 판권은 저자와 에스파보(Espavo)에 있습니다.